꿈의 노래

꿈의 노래

초판 1쇄 인쇄 2017년 3월 1일
초판 1쇄 발행 2017년 3월 5일

지은이 전근표
펴낸이 金泰奉
펴낸곳 도서출판 띠앗
등 록 제4-414호

편 집 박창서, 김수정
마케팅 김명준
홍 보 김태일

주 소 (우05044) 서울시 광진구 아차산로 413(구의동 243-22)
전 화 (02)454-0492(代)
팩 스 (02)454-0493
이메일 ddiat@ddiat.co.kr
홈페이지 www.ddiat.co.kr

ISBN 978-89-5854-111-0 (03810)

*책값은 표지에 표시되어 있습니다.
*잘못 만들어진 책은 구입하신 서점에서 친절하게 바꿔드립니다.

전근표시집

꿈의 노래

(해를 품은 아버님 사랑)

月
瑯

도서출판 띠앗

머리말

2013년 10월 이전 2집의 시집을 출간하고서도 독자를 대할 글쓰기가 어려워 망설이다가 이제 칠순이 다 되어서야 제3집의 용기를 내어보았습니다.

詩란 참으로 쓰면 쓸수록 어렵고 속내를 보이는 것 같았습니다. 혹자는 자연과 벗하며 살아온 인생사를 엮어 거짓말처럼 편안하고 읽기 쉽게 그것도 짧게 함축시켜 의미를 닮아 쓰라합니다.

그러나 제게는 독자께서 편안하고 쉽게 읽을 수 있는 의미있는 글을 쓰기 위해 몇 날 며칠을 곰곰이 생각하고 또다시 생각을 해도 잘 떠오르지 않아 썼다가 찢어버리기 한두 번이아니었고 혹시나 꿈에서라도 선몽해 주지 않을까 하여 머리맡에 필기구를 놓고 잠자리를 청해도 그렇게 쉽게 좋은 글이 나오지 않았습니다.

이 글을 대하시는 독자 여러분이 혹시 계신다면 '이런 것도 글이라 썼나'하고 쓰레기통에 과감히 내팽개치시고 '나도 이

유럽여행 중
집필 중인 저자

정도라면…' 하는 용기를 가지십시오.

아무튼 수년 동안 써 온 글 같지 않은 글을 한 권의 책으로 발행하게 되었음을 다시 한 번 송구스럽게 생각하며 앞으로 집필할 시간 얼마인지 모르지만 "시대정신과 대중성이 있는 글을 한 편이라도 적어 보겠다"는 생각을 해봅니다.

이 글이 나오기 전까지 항상 가까이에서 표본이 되어 주시고 지도해 주신 고하 최승범 선생님을 비롯하여 허소라, 이운룡, 김남곤, 허호석, 전병윤, 김동수, 소재호 선생님과 안도 전북 문인협회 회장님께 진심으로 감사를 올리며 편집에 수고해 주신 『풍자문학』 김태봉 사장님과 '도서출판 띠앗'에 그리고 제 옆에서 삶의 모델이 되어주신 종친 어르신님들, 문인협회, 향우회 모든 분, 내가 태어나고 자란 고향 진안의 산천과 고향 분들에게, 끝으로 아내와 딸, 처형, 처제에게도 고마움을 표합니다.

정유년 2월

월랑 전근표 쓰다

전근표 시인의 시,

– 자연 친화와 비움의 미학에 공감하며

소재호(시인, 문학평론가)

전근표 시인과 필자는 함께 시 공부를 하고 있는 터이어서 그의 서문 부탁에 송구스럽고 한편으로 영광스러웠습니다. 이에 감히 그의 귀중한 시집에 필자의 옹졸한 서문을 얹습니다.

프랑스 시인 베르나르는 시인을 일컬어 다음과 같이 말합니다. "시인은 창조자요, 마법자요, 견자(見者)이면서 그것들의 총체적인 존재이어야 한다"고 한편 시인은 "세계의 일체성을 드러내 보여 주는 자"라고 하면서 그 일은 서로 다른 두 실재 사이에 존재하는 긴밀한 교감적 관계를 꿰뚫어 봄으로써 가능하다고 주장한 시인도 있습니다.

말하자면 시적 자아는 그에 대면하는 물상들의 실존이나 본질을 깊이 관조하는 바에 따라 그 진정한 해독(解讀)이 가능하다는 뜻이기도 합니다.

전근표 시인은 벌써 일흔의 나이를 막 바라보는 연륜입니다. 이제 세 번째 시집을 내게 되었는데, 그의 시 편 편에 모두의 언설대로 모든 사상(事象)이나 물상들을 명증(明證)하게 규찰하면서, 또한 높은 경륜답게 현상에 천착하고 허무에 귀

소재호 시인

의하기도 하며 자아에 대한 깊은 성찰과 인문학적 사유에 골똘하여 청순한 시를 건설하고 있는 점에 필자는 매우 감동합니다.

그의 약력에서 밝힌 대로 전 시인은 군 고위 간부로 무운을 높이 떨쳤으며 큰 기업체 간부로도 이력을 펴 그의 삶 경영에 탁월한 능력을 발휘하기도 했습니다.

후에는 고향의 문화 발전에도 남달리 기여했으며 지역 문단에서도 수장으로서 리더십 발휘에 모범을 보인 시인입니다. 그러니까 자기 안위보다는 이웃에 베풀고 배려하는 데에 소홀함이 없었습니다.

그런데 한편 전공 분야도 아닌 문학의 길에서 갈고 닦음에 정려하여 새로운 시 세계 창건에 열정을 쏟은 전 시인께 찬의를 전하지 않을 수 없습니다.

그의 시가 높은 경지에 이르렀다고 말할 수는 없어도 최소한 인간 정신을 고매하고 존엄하게 형용하며 자연에게 감정

이입으로 〈꿈의 노래〉라는 시집 출간을 통해 반향된 청정한 소리와 향기와 빛깔을 순수미로 형상화한 보람이 시의 품격을 높이고 있어서 매우 흡족한 것입니다.

"자연으로 돌아가라" 하는 메시지가 편 편에서 여울지며 자신을 비우려는 다짐이 또한 그의 인품을 돋보이게 합니다. 시집 상재를 진심으로 축하합니다.

2017년 2월

꿈의 노래

(해를 품은 아버님 사랑)

차 례

2부 · 두견화 꽃잎 사랑

Hugo Claus
17·6·94

3부 · 강촌에 살자

4부 · 해를 품은 아버님 사랑

5부 · 섬섬옥수 어머니 사랑

6부 · 웃고 살자

1부
행복은 가까이

하하하 웃으며 살자

아침 일찍 일어나
잠자는 가족 얼굴 번갈아 보다
고생하는 아내 보고
여보 고마워 감사해 웃는다

그리고
새근새근 잠든 딸보며
어쩜 이렇게 닮았지 신기해 웃는다

화장실 거울 보며
여기 또 한 놈 지보고 웃고
밥상머리 모인 가족
네가 최고, 밥 맛있다 깔깔 웃는다

출근길 서로 만나 반갑다 웃고
일터 격려 속 신나 웃는다
퇴근길 가벼워 내일 또 좋은 약속

현관문 앞 반기는 아내
이마에 뽀뽀뽀, 어느새 방긋 웃는다

우리 모두
살아 숨 쉬고 있으니
슬픔도 감사해 웃자

성냄도 욕심 없이
묶은 때 낀 배꼽이여 빠져라 웃자
으하하하 으하하 웃으며 살자

성냄도 욕심 없이 하루하루를
묶은 때 낀 배꼽이여 빠져라 웃자
으하하하 으하하 웃으며 살자
으하하하 으하하 웃으며 살자
으하하하 으하하! 으하으하하!!

하늘은 슬퍼하는 자 슬픔 주고
기뻐하는 자 웃음을 준다.

친구

항상 환하게 웃어 주는 모습이다
잘한 일이 없어도
잘못한 일이 있어도
언제나 내 곁에 다가와
웃음을 선사한다
아플 때 슬픈 일 당할 때면
제일 먼저 달려와 손을 잡아 준다
언제나 건강하라고
좋은 일 있을 거라고
기도해 준다.
네가 좋아 내가 서로 좋아
주는 것 없이 받기만 하는
네 모습에서 행복을 가까이 본다.

술

한잔 들다보니
하늘은 네 것이요
땅은 내 것이로다
허 허 무슨
고래 하품하는 소리
그냥 한잔 혀
술이란 취하게 마시고
취하지 않는 것이여.

갤러리 차 한잔

한적한 시골 길가 가든
대통밥 맛에 정신 팔리다가
별빛이 밝아서야 찻집을 찾았다

차향을 앞에 놓고
시시비비 인생사 길을 찾다가
밤 시간 다 놓친다.
놓친 밤 찻잔 속에 다시 살아나
멀리 지나간 시간까지 불러들인다.
우정을 키우고
사랑의 진액을 돋운다.

한잔의 찻잔 속에
우정과 사랑, 인생이 함께 녹아 있다
둘이서 차 한잔 함께 마신다.

시("詩") 항아리

시원한 청량제일까
튀는 글 장난일까
묵을수록 향기가 난다
향긋한 참맛이 나나
고개 돌릴까 두렵다

시공 초월한 자연이
인간 본성의 선한 아름다움이
살아서 꿈틀이는
희. 노. 애. 락과 생. 노. 병. 사의
참맛을 풍기는

이런 항아리 속에
풍덩 빠져라도 보자
그 숨결
그 향기에 취해 봤으면 좋겠다.

산(山)은 청청(靑靑) 푸르다

하늘은 맑고
산은 청청 푸르다

아침 숲 속
아기 새 울음소리
더욱 청량하다

바람결에 떨어진
나뭇잎 흘러가는
강물 또한 유구하다

적벽 위 백송하나
가는 세월 그 누가 알랴.

인생

두 눈 부릅뜨고 주위를 둘러봐도
보이는 것 하나 없고
두 손 번쩍 들어 허공을 잡으려도
손에는 바람만 스친다

지혜(知慧)는 높다 하나
구부러진 것 하나 펼 수 없고
가진 것 많다 하나
모자람 하나 채울 수 없네

나눔은 하늘의 은혜(恩惠)요
욕심은 지옥(地獄)의 불길이니
더함도 덜함도 없는
무위진인(無位眞人), 성주괴공(成住壞空)
인생사 아니던가?

청솔 향(香) 따라온 풀잎 길손
오늘도 살아 천만다행 아니오.

가야할 길

나무는 조용하고 싶지만
가지엔 세찬 바람이 일고
강물은 고요하고 싶지만
물위엔 잔잔한 물결이 인다

바다는 깊고 넓지만
하얀 파도가 끊이질 않고
하늘은 한없이 공허하지만
구름을 그리다가 천둥을 친다

산다는 것 별것이드냐
생노병사(生老病死)는
하늘의 이치
무병장수, 부귀영화(無病長壽, 富貴榮華)
허무함이니

짧디 짧은 인생길,
가진 것 다 내 것 아니고
그동안 빌려 쓴 것 아니었던가

노송 위 홀로 선 회오라기 멀리 이는 바람을 본다
내 왔던 길 찾아 가세나.

행복은 가까이

사람은 누구나
눈과 귀가 두 개씩이다
잘 살피고 잘 들으라는 뜻일 게다
그런데 코와 입은 하나씩
평하고 말하기는 쉽다는 것
남의 얘기
함부로 하지 말라는 것 아닐까
차가운 머리로 생각하고
뜨거운 가슴으로 안아 주자
사람은 무릇 만물의 영장이다
그래서 두 손과 두 발이 있다
우리 모두 기본과 상식 속에서
항상 기도하며 사랑 베풀고
낮은 자를 위해 가난한 자를 위해
올곧게 살아가 보자
슬픔도 내 마음 행복도 내 마음
행복은 언제나 내 곁에 가까이 있다.

후회

인간 탈 쓰고
제 갈 길 끝에 서니
풀밭에 노니는
벌레 새끼만도 못한 나

하늘 나는 참새
한 마리가 부럽다

죽어도 짹 하지 못했던
오, 나여! 오, 나의 인생이여.

행복

늦은 밤 당신이 핸드폰에 보내준 문자를 보고
나는 얼마나 행복했는지 모릅니다
"감사합니다. 사랑합니다. 행복합니다." 이 짧은 문자가
하얀 밤 내 눈동자에 촉촉한 이슬로 다가와 저리도 찬
까만 하늘의 별빛마저도 따뜻하게 해주었습니다
꿈엔들 놓칠까봐 두 팔로 당신 마음을 껴안고
새벽별 밝아 올 때까지 이불 속을 뒤척이었습니다
보잘것없고 잘한 게 하나도 없어
항상 어리석기만 하였기에 그리고 당신께 해 준 것이
하나도 없기에 이제와
너무나 부끄럽기만 한 죄인이었음을 고백합니다
보고픔에 지쳐 술잔을 기우려 보아도 먼발치 당신 모습
술잔에 어려 술 향기마저도 느낄 수 없었고
취한 몸 달래보려 눈앞에 그려 보아도 손에 잡히는 것은
허공뿐이었다오
긴 밤 뜬 눈으로 지샌 지금 아직도 귓전에 맴 돌고 있는 것은
"그리워요 보고파요 사랑합니다" 목소리가 들릴 뿐이요
여보! 사랑합니다 당신이 있어 나는 너무 행복합니다

때 늦은 고백

잠시 내 곁에 머물다간 사람
보고파
몇 날 몇 밤을 뜬 눈으로 새었습니다
혹시나
새벽별 타고 오실는지
초승달 따라 오실는지
차창에
빗물 흐르듯 그리움이 가득합니다
지나간
연민과 후회는 부질없는 것
떠나면 아쉬운 미련만 남아
이제와
거짓이라도
당신만을 사랑했었다 고백합니다.

그리움

영혼의 깊은 떨림으로
내가 그리워하는 건
너를 그리워하는 것

내 안의 너를 내가
너 안의 나를 네가
분명히 알고 있기에

너와 나 사이
끊을 수 없는 하나
분명 알고 있기에

내 안의 너를 내가
너 안의 나를 네가

그토록 목숨 걸고
약속할 수 있기에
서로가 그리워하는 것이다.

차라리

決勝線 넘어서는 선수가 많이 보인다.
리우 올림픽 참가 선수들 모습이면 좋으련만
보이는 것은 不正·腐敗 선수들이다
북 핵·미사일·사드 배치 등 국방 안보가 불안하다
詐欺는 만연하고 살인·강도·성범죄 줄 서 있다
倫理道德 땅에 떨어져 地下에 묻혀 졌나보다
未來創造·正義實現·人間性 외치면서도
歷史性마저 잃어버렸다
正義가 무엇인가 진정 幸福이란 무엇인가
위정자 公僕의 책무가 특권층이 되었고
庶民들 血稅는 不正腐敗의 온상이다
지도자는 말이 없다 休暇 중이다
화난 민초 삼복더위 熱射病에 끓는 가마솥이다
여의도善良·청사貪官汚吏 항상 뒷북친다.
아! 대한민국 진정 정의가 살아 있는가?
사방에서 들려오는 소리에 귀가 막히고
세상 사는 냄새에는 숨이 막힌다.
푸른 산 맑은 물 볼 수 없어 차라리 눈을 감는다.

2부

두견화 꽃잎사랑

새해를 맞으며

이제 한 해 마무리 되고 새해가 돌아왔어요

자! 우리 지난 시간을 되돌아봐요
나는 무엇을 위해 어떻게 살아왔나요
혹시 반성할 일은 없었나요
남에게 우쭐대며 목에 힘 주고
나 자신만 위해 살지 않았나요
괜히 화내고 불평하며
주변을 안타깝게 하지는 않았나요

모자람이 있어도 따뜻함으로 감싸주며
이해하고 칭찬은 해보았나요
내 자신을 낮추며 남을 존경하고
작은 것이라도 나누어 준 적은 있나요
불쌍한 이들의 손발이나 눈물을
닦아준 일은 있었던가요.

영롱한 아침이슬처럼
혹은 밤바다를 밝혀 주는 등대처럼
남은 시간 주변 살펴 돌보며 새해를 맞으셔요
신년 계획이 멋있어져요
파이팅! 새해 새아침.

설날

속옷, 양말도 새것
고향 찾아
조상님 고향 찾아 세배를 한다.
서로 웃는 얼굴
할아버지, 할머니,
세배 돈 받으시고 기뻐하시네
덕담 한마디
취직하고 결혼해서
손자 보자고 으하하하!
형제간 우애 제일이란다
어르신께는
오래오래 사세요
절하는 효도 웃음 꽃 활짝
윷이야 도야 모야
팽이는 뱅뱅, 연은 훨훨 하늘을 난다
새 희망 푸른 꿈이 영글고 좋은 일
술~술 잘도 풀린다.

보름날 산사에서

어쩌다 찾는 작고 조용한 암자다
오늘밤
선방에 비치는
쟁반 모양 달빛이 유난히 밝다

휘영청 밝은 달빛
스치는 바람에 풍경마저 놀란다
"살그랑 살랑", "살그랑~"
해 맑은 소리로
고요 속 적막을 새롭게 연다

석탑 그림자 옆 친구 된 내 모습
허물덩이 그림자
또 하나 그리고 있다
나도 몰래 나무아미타불 합장을 한다.

입춘

봄이 와요
봄이 와요
추운 겨울 가고
따뜻한 봄이 왔어요

동장군 물리친 새봄이래요
꿀벌이 윙윙대고 나비가
설레이는 봄
싱그러운 봄이 온데요

대문에도 기둥에도
立春帖 붙여
봄의 문턱 길목에서
행운을 잡아 보세요

立春大吉, 建陽多慶, 萬事亨通
대문 활짝 열고 맞아요
매화 香 친구 함께 복마 타고 들어와요
벗은 발로 뛰쳐나가요
두 손 벌려 기쁘게 맞이하세요.

하얀 햇살 가까이

겨우내 움츠렸던 동장군이
기지개를 켠다.
왠지 모를 따스함이다
눈꺼풀이 깜짝 놀란다
아! 하얀 햇살이다
어느새
청솔, 매화나무 지나
돌담 구석진 곳까지 왔다

하얀 손수건 들고
송~글 송~글 흘러내리는
동장군 눈물을 닦고 있다
하얀 햇살 가까이에서….

봄눈

꽃잎도 함박눈도 아닌 것이
손에 잡힐까 말까
허공에서 하늘하늘 봄 춤추고 있다

하늘 가득 지고 있는 얇은 꽃눈
겨울 내내 메말랐던 가지
꽃눈에 꽃눈이 스며들며
생명의 깊은 잠을 깨운다

실바람 타고 너울너울 춤추는
하얀 꽃눈
한 송이 매화 꽃망울 찾아와
살며시 포옹하며 입술을 연다

가는 겨울 아쉬워
꽃 시샘을 한다
눈 속 헤집고 부풀어 오른 가슴
연분홍 관현악 소리 기다려진다.

둔치에 핀 민들레

파란 토끼풀, 쑥 나물 사이
피어난 샛노란 민들레 꽃
해님 맞아 길가 둔치에
화사한 봄빛 양탄자를 깔았다

겨울잠 털고 날아온 벌나비
방울 봉긋 갓 피어난
샛노란 어린 꽃잎 사이사이
해님보다 먼저 숨어들어
꿀 초롱 뒤집느라 정신이 없다

이 꽃 저 꽃 윙윙~~
꿀 훔치며 날갯짓하다 들켜
다리 끝 꽃가루 뭉치 달고
손이 발되도록
흔들며 호들갑을 떤다

봄향 관현악에 가슴 연 길손
어느 새 한맘 되어
샛노란 민들레 양탄자 위에
봄 춤추는 벌, 나비 모아 놓고
초롱초롱 눈망울로 봄을 찍는다.

매화가지에 벙그는 봄눈

오늘 아침엔
눈도 아닌 꽃잎도 아닌 것이
겨울을 보내고 봄을 부르고 있다

겨우내 가슴앓이 하던 봄이
툭 툭 불거진 매화 가지에
봄눈을 내린다
저 눈 밑에선 꽃눈이 봄을 열고 나올
힘을 기르고 있다

어느덧 눈은 꽃자리에 스며들고
매화 가지 터질 듯 부푼
부끄러운 가슴을 햇살이
제 부드러운 빛살로 어루만지고 있다

봄 먹은 매화 가지에
봄눈은 녹고 봄눈이 벙근다
내 가슴에도 봄눈 녹고
맑은 향 먹음은 매화 한 송이 핀다

두견화 꽃잎 사랑

두견화 꽃잎 한 잎
정든 님 사랑 찾아
어화둥둥 내 사랑아
어화둥둥 내 사랑아

님을 향한 꽃향길세
사랑 찾는 꽃잎 일세
어화둥둥 좋을시고
어화둥둥 좋을시고

우리 사랑 꽃잎 사랑
온 세상이 꽃향길세
어화둥둥 좋을시고
어화둥둥 내 사랑아.

바램

두 눈이 있어
저 멀리 푸른 하늘과
산과 들 그리고 강과 바다를
바라볼 수 있다

두 귀와 코가 있어
좋고 나쁨을 가리고
입으로 먹고 말하고
살아 숨쉬고 있다

여기에 두 팔과 발이 있어
서로 안을 수 있고
내 갈 곳 갈 수 있으니
얼마나 감사하고 행복한가

가진 것 없다 해도
세상사 잘 알지 못한다 해도
뜨거운 가슴 낮은 사람으로
산과 같이 강과 같이
하늘 지붕 벗 삼고 곧게 살아가리라.

사랑

사람은 외로운 존재이다
그래서 모든 사람은 사랑하기를 갈망한다
그래서 작은 선물이나 감정에 쉽게 유혹된다
그래서 사랑에 빠지기도 쉽다
그래서 쉽게 맺은 사랑은 변하여 쉽게 깨진다
첫사랑이 영원하지 못한 이유다
그래서 사람은 더욱 사랑다운 사랑을 해야 한다
어떤 상대를 애틋하게 그리워하고 열렬히 좋아하는 마음
또는 그런 관계를 사랑이라 한다
또한 아끼고 위하며 소중히 여기는 마음을 베푸는 일과
어떤 대상을 매우 좋아해서 아끼고 즐기는 마음도 사랑이다
성경에서는 죄인인 사람을 불쌍히 여겨
구원과 행복을 베푸는 하나님의 사랑 참고 온유함이다
그리고 아가페적 사랑을 강조한다
그러나 "죽을 때까지 너랑 함께하는 것"이란 것은 아니다
자신이 사랑하는 사람은 완전하다 믿지 마라
사람은 언제나 바위처럼 있는 게 아니기 때문이다
사랑은 빵처럼 항상 새롭게 구워져야 맛이 있는 것이다
어쩌면 사랑을 안다는 것은 모른다는 것과 같다

누군가 사랑은 악마이며 불이고 지옥이 될 수 있기 때문이다
너무 먼 길을 와서야 돌아설 수도 있으니 말이다.

소나무 아래서

밤늦은 시간 앞마당을 거닐다
의자 하나 놓는다. 뜰 앞 소나무 밑에
상큼한 향기가 코끝에 스민다
송진 냄새 섞인 신선한 솔 향이다
자기야 여기 좀 와 봐 너무 좋아
여기 소나무 좀 봐
향기가 너무 좋아 오늘 따라 유달리…
젖혔던 고개를 조금 돌리면
솔잎 가시 끝에 검은 하늘이 찔려 있어
그리고 뒤엉킨 솔가지 사이엔 별빛이…
아! 아름다운 밤이야
시집간 외동딸 이런 모습 볼 수 없겠지
이사람 별소릴 다하시네요
과일이나 하나 내어올까요?
말이 없다 하나의 거북 모양 소나무만 본다
달빛도 없다 시간을 잃어버렸나 보다.

3부

강촌에 살자

고하 선생님께서
대학 재학시
직접 촬영하신 사진.

가람 이병기 선생님
近影(1966)

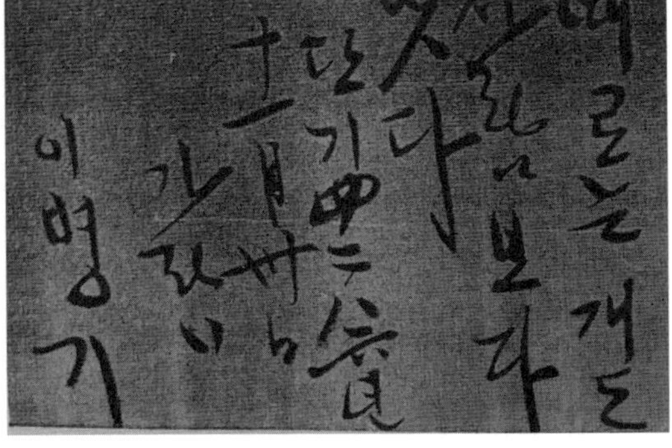

筆跡

나는 아기 새

숲길 찾는 아기 새 한 마리
창문 없는 둥지 잡고 날갯짓하며
세상 사는 연습을 하고 있다

나뭇잎 새에 방울방울 맺힌
영롱한 햇살 으며
노란 부리 입 밖에 내는 소리가
숲 속을 울린다

내 어릴 적 문턱이 닳도록
들락거렸을 고향 집
걷기를 배우고 뛰기를 배웠다

그러다 어느덧 지금
배운 것 다 잊고
천방지축 쏘다니며
풍진 세월의 모자를 눌러쓰고 산다.

어머니의 기다림

혹시나
개 짖는 소리에
창문을 살며시 열어 본다

늦은 밤
까만 하늘에
쏟아지는 거친 소낙비 소리
그 소리마저 얄밉다

창문 밖에
흠뻑 젖은 모습으로
지나쳐 가는 행인들
행여 무거운 책가방 둘러 맨
단발머리 딸아이는 아닐는지

금방이라도
그냥 비 젖은 채로
대문 열고 들어서면 얼마나 좋을까
가슴만 콩닥콩닥
기다림에 지쳐
이제 동동동 발만 구른다.

여름밤

밖이 하도 밝아 창문을 여니
중천에 보름달이 떴다
오늘 따라 하얀빛이 참 밝다
달빛 뒤에 숨은 별들

먼 산 그림자 더욱 까맣다
돌 탑 위에 새겨진 나무들
담 벽에 또 다른 나무를 그리고
네 아닌 내가 되어 고요하다

가까이에 있다 사랑과 행복이
여기저기 들려오는 풀벌레 소리
동구 밖 들려오는 개 짖는 소리
함께 젖어든다 하얀 달빛도

서산에 걸친 달은 시간을 잃고
새벽을 깨운다. 소슬바람이 분다.

선유도의 무궁화

몇몇 지인과 함께 찾은
새만금 방조제 입구 선유도

신선이 깜짝 놀라 머물다간
그 외딴섬
운무의 베일 속에
꽃나무 한 그루
무궁화 꽃이 활짝 피었다

옹기종기 어촌 마을
입구가 훤하다
외딴섬 선유도에 핀 무궁화
잊혔던 슬픈 기억들
뱃고동 소리처럼 다가와
내 가슴에 쿵쿵쿵 매질을 한다

아아! 다짐을 한다
조상의 숨결이 살아 있는
우리의 꽃 무궁화를 사랑하리라.

백합꽃 한 그루

잔디밭 가장자리에 백합꽃 한 그루가 있다
송이송이 우아한 여인네요
시집가는 새색시 향기를 품었다

긴 시간 유달리 좋아했던 백합꽃
고요히 머리 숙인 은백색의 꽃
이름마저 우아한 꽃 너 백합화

칠순이 다 되서도 눈가에 코끝에 있다
아내를 닮았을까 딸 녀석을 닮아서일까

오늘도 지켜보는 내 모습 보고
아내는 속도 몰라 핀잔이다
그 놈의 꽃이 뭐가 그리 좋다고
아주 뽀뽀를 하지 아예 들어가 사시구려

응 그래? 들은 척 만 척
길다란 노란 꽃술에 연신 코끝을 댄다.

강촌에 살자

꽃피고 새 우는 산을 찾아서
버들치 뛰노는 강을 찾아서
어허야 손잡고 강촌에 살자

물위에 흘러가는 나뭇잎처럼
바람에 흔들리는 버들잎처럼
어허야 손잡고 강촌에 살자

어릴 때 무지개 꿈 아 뛰놀던
색동치마 저고리 풀피리 불던
어허야 손잡고 강촌에 살자

하얀 뭉게구름 둥실 떠 있고
영롱한 아침 햇살 눈이 부시다
어허야 손잡고 강촌에 살자.

그곳에 가고 싶다

— 용담댐

그곳에 가 보고 싶다
금강 상류 시원한 물소리의
옛이야기 구수한 그곳

저녁놀에 백로가 새끼들 데리고
하늘 길 가면서 도란거리는
한가한 이야기 소리 들리는 그곳

어머니의 호미 끝에 묻어나는
땀방울이 세간을 늘리고
날 詩人까지 밀어 올려준
텃밭이 있는 그곳
물속에 깊게, 깊게 잠들어 있는
고향 집에 가 보고 싶다

어린 꿈이 자랐고
또 꿈을 묻어 놓고 나온 그곳
상전이 벽해 되듯
벽해가 상전될 날 있으리
아주 먼 훗날이라도 좋다
그 곳에 꼭 가 보고 싶다.

5월의 향기

지는 꽃잎
봄 자락이 섧다

실바람 타고
짙은 꽃 향 흩뿌리던
꽃의 계절 5월이 간다

활화산처럼
터져 나왔던 민중의
함성과 절규가
설레는 사랑으로 다가와
엷은 미소 지으며
행복해 했던 우리 민초들

이제는 머~언 하늘
바람 따라 구름 따라
세월을 좇아가고 있다

가쁜 숨소리
실록의 숲속에 희망을 숨긴다.

참새 떼

무더위 뙤약볕에 까무잡잡한 갈색 조끼 입고
오동 통통 하얀 가슴살 들어낸 참새 한 마리
앞마당 잔디 위에 푸 르 르 륵 내려앉는다.
척후병인 모양이다 "짹짹~" 신호를 하자
또 한 마리 날아왔다
"짹짹 째~잭" 괜찮아? 괜찮아? 하며
미끄러지듯 종종종 걸음 질이다
"짹 짹 짹 짹" 어서와 어서와 소리에
투 득 투 득 투~두 득 여러 마리
하늘에서 떨어지듯 내려앉는다.
와! 맛있다 어느새 먹이 먹느라 정신이 없다
한 마리 두 마리 셋, 넷, 다섯, 여섯…
어느새 열 마리가 넘었다 와~참새 떼다
"짹짹짹 짹짹짹" 우아 신이 나나보다
가로세로 열을 맞추어 종종종
앞서거니 뒤서거니 먹이 찾느라 열심이다
신기하다 종종종 뚫어져라 바라보니
이놈들 질서와 조직이 있는 게 분명하다
경계하는 놈, "짹짹" 경보하는 놈

빨리빨리 지휘 독촉하는 놈
연신 맛있다 흥얼대며 먹기만 하는 놈
모두 함께 서로를 보아가며
일정한 간격으로 걸어간다.
갑자기 한 마리 “짹재잭” 하는 비명 소리
누가와? “짹잭 짹잭 짹재잭”하며
소나무 가지 사이로 재빨리 날아 숨는다.
아 보기 좋았는데… 저놈의 발발이가…
그래도 나는 그들이 날아간 빈자리에
왠지 잔디 심기를 잘했다는 생각이 들었다.

애견 '뿌띠'

그 이름 예쁘다하여 '뿌띠'라 했다
입양할 때 어미젖도 안 뗀 것이
깔아 놓은 신문지 위로 뽀르르
볼일을 보고 아장아장 걸어와
품안에 안기던 작고 귀여운 뿌띠
눈은 까만 유리알이요
분홍빛 살갗에 하얀 털이 몽실한
국화꽃 모양의 꼬리가 등에 바짝
붙여진 예쁜 '뿌띠' 우리 집 '뿌띠'
외출했다 돌아오면 긴 털 휘날리며
달려 나와 반갑다고 빙빙 껑충 껑충
어느새 10년을 같이 살아왔다
그동안 털 고르기, 목욕은 기본
예쁜 옷에 조그만 신발, 외출 목줄에
공원 산책길 마주친 사람들
와!~ 예쁘다, 강아지다 하는 소리에
앙! 앙! 앙! 짖어대며 시선을 끄는…
기침 감기에도 잘 자라 어리광 부리는
예쁜 뿌띠, 착한 뿌띠, 귀여운 뿌띠

어제도 오늘도 껌 딱지 되어 그르렁~
내 품에 안겨 잠을 청한다.

우리 집 강아지

우리 집에는 강아지가 많다
뿌띠 케리 마루 태양이
앙꼬 달님이 여기에 복돌이
보솜이 모두 8마리다
밥 주고 똥 치고 목욕도 시킨다
아내는 엄마 노릇
나는 아빠 노릇
이놈들 어찌나 예쁜지
집 떠난 자식들마저
애기들 잘 있는지 안부전화다
지금도 간식 달라 아우성
앞발 들어 매달리며 앙! 앙! 앙!
예쁘다 사랑한다 아프지만 말아 다오.

무궁화 꽃

나는 당신을 사랑합니다
나는 당신이 있었기에 행복합니다

숱한 어두운 역사 속에서도
모두의 희망이었기 때문입니다
당신이 있었기에 역사와
뿌리를 찾을 수 있었습니다

이제 고난과 슬픔은 잊어버리고
평화와 행복을 찾아
우리가 가야할 길을
꿋꿋이 힘차게 달려 가야합니다

무궁화 꽃 당신이 있기에 나라가 있습니다.

4부

해를 품은 아버님 사랑

가을의 문턱

여름 끝 하늘 비취 빛이다
한가로이 떠 있는 구름
소슬바람 타고 둥실둥실
한 움큼 잡으려다 손사래만 쳤다

처서(處暑) 지난 찜통더위
메뚜기, 풀무치 날갯짓에
저 만큼 달아나고

하늘 나는 고추잠자리
땅거미 달빛 좇아 별을 새는
귀뚜라미 울음소리
황금 들녘 오곡백과 익히고

길가 코스모스는
하늘하늘 한가로이
고개 넘어 길손 맞아 춤추자 한다.

10월이 오면

10월이 오면
못다 핀 꽃 한 송이
검붉은 피를 토하고
끝내 알알이 익어
어깨춤 덩실 추게 한다

삼복 훔친 길쌈 친구
황금 빛 오색 그림자로
너울춤 덩실덩실 춘다

귀뚜라미소리
쇠똥구리 친구삼아
긴 밤 하얗게 지새우며

까만 밤 별빛 따라
구름 사이 흐르는 보름달 보며
행복 가득 채워보리라.

어머님께서 추석을 기다리신다

비스듬하게 열려진 사립문 비집고 뚫어지라
허리 굽은 흰머리 어머니 툇마루에 앉아섰다
이내 초롬하신 눈망울 아래위로 좌로 우로 굴리신다

혹시나 하고 누굴 기다리시는 걸까
바람 소리에 열린 문이 닫히면 어찌할까 걱정이신가

어제 따다 담근 땡감에 단맛은 들었는지
멍석 위 빨간 고추며 대추는 잘 마르고 있는지
어릴 적 품안 배고픔 가난 서러워 집 떠나보낸 자식새끼들
지친 삶은 뒤로하고 추석을 기다림에 오늘도 미안함 뿐이다

잘들 사는지 건강은 한지 얼마나 자랐는지
성묘는 오는지 안 오는지 선물일랑 필요 없는디 필요 없어
이 애미가 많이많이 준비 했당게 너희 주려고
그냥 왔다만 가거라 바쁘면 못 와도 좋고 애만 태우신다

못 와도 어쩔 수 없지 지하에 계신 애비도 기다릴 텐데
내도 이제 니들 몇 번이나 볼 수 있을까 모르겠구나.

馬耳山 가을 노을

마이산에 해가 진다
암마이산 넘어 해는 가리고
천왕문 고개나루 아래
숫마이산 허리가
황금빛으로 눈이 부시다
산기슭엔 그림자 내리고
한적한 숲속 주차장 옆
커피숍 차향이 코끝을 맴돈다
낙엽 밟는 바스락 소리에
노란 숲 속 하늘 높이 솟은
석양 노을빛 품은 마이산
돌기둥에 매달린 풍경 소리
살그랑 살그랑 가을을 보내고 있다.

가는 가을

가는 가을 낙엽에 찬바람이 인다
떠밀려 가는 쓸쓸하고 슬픈 모습이다
만산홍엽 현란했던 장엄함도
어느새
동장군 말발굽 소리에 저 만큼…
후리치는 채찍에 더욱 놀란다
깜박하는 사이 동장군 머리가 허옇다
산천이 떤다. 자세를 낮춘다
그래도
가을이 지나간 자리에 남긴 자존심
새봄 맞을 가지만 백설 위 꼿꼿하다.

한반도 쓰나미

"하늘 우러러 한 점 부끄럼 없기를~."
윤동주 시인의 서시 첫 대목이다
대 지진이다 경주의 5.3강도가 아니다
한반도를 넘어 아시아 유럽 미주
전 세계를 진동하는 쓰나미다
국정문란, 헌법유린, 사리사욕의 마수가
영(靈)의 사주, 우주(宇宙)의 기운으로
창조경제, 통일대박, 역사바로세우기 미명아래
한강의 기적마저
경제대국 세계 10위 금자탑마저도
여지없이 쓸어버리고 말았다
피를 토하고 통곡하는 심정
원통하다 목이 터져라 꺼지지 않는
촛불 함성 하나 되어
푸른 기와집 정점을 향하고 있다
탄핵, 즉각 하야, 해체를 외치며…
희망찬 대한민국 새로운 시민혁명
성에 낀 거울 앞에 촛농 얼룩진 민초들
언제나 따뜻한 새봄 맞을지 기다려진다.

파도의 역사

처 얼 썩~ 처 얼 썩~
사르르~ 사르르~
바다가 하얀 거품을 토한다
뭍과 물의 경계를 지키자 한다
바람 부는 날이면 절벽 뺨을 때리고
때로는 하얀 백사장을 화선지 삼아
산수화를 그리고 자장가를 부른다
수억 년 동안 파도는
육지를 입에 물고 바다 위에서
찬란한 태양을 삼키며
황혼의 석양을 뿌린다
고요한 달빛도, 쏟아지는 별빛도 삼키며
처 얼 썩~ 처 얼 썩~
사르르~ 사르르~
새 생명 탄생을 위해
오늘도 스스로 진실한 역사를 쓰고 있다.

빛바랜 통일

이글거리는 태양의 그늘 아래
힘없이 죽어가는 숱한 주검들…
수없이 짓밟힌 돌 틈 사이 잡초처럼
구름 사이 비추는 희미한 달빛처럼
까만 밤하늘 찬 이슬에 목축이며
꿈틀꿈틀 되살아나는 기억처럼
양지의 빛바램이 음지의 기운으로
파랑을 빨강이라 물들이려 한다
아! 슬프도다 빛바랜 슬픈 통일이여
추억의 그리운 통일 향기여
그리움마저 희망마저 버려야 하는가
잊혀져간 통일의 빛바램이여
동방에 솟아오르라 태양의 빛으로
7,500만 민족의 오래된 꿈을 안고
여명을 밝힐 통일의 꿈을 이루어 가자.

천국과 지옥

우르르 쾅쾅~ 쾅쾅~
하늘 문이 열렸다
으앙~으앙, 으앙~
신이 내린 새 생명이다
어둠을 밝히는 빛이다
세상을 여는 소리다
인류여! 영원하라
서로를 사랑하라고
혼인과 출산은 천국의 시작
동성연애는 무덤조차 없는 지옥
신이시여!
종말이 가까워 오나요?
생명을 굽어 살펴 주소서.

사랑합니다! 아버지

아버지!
춘하추동 사계절
비바람 폭풍우가 불어도
엄동설한 눈보라가 휘몰아쳐도
날 낳으신 어머니 붙잡고
꿋꿋한 모습으로 자식들 사랑하셨던 아버지
배고파 허기질 때면 새벽잠 깨어 사립문 박차고
쪼들린 삶에 지친 모습 숨기려고
늦은 저녁에야 집에 오셨던 아버지
이 자식 그 크고 깊은 뜻을 이제야… 이제야
아무리 불러도, 불러도 대답 없는
이제야 알았습니다
아버지~ 아버지~ 아버지~
당신을 불러보며
하늘만 우러러 눈물짓고 있습니다
사랑합니다! 아버지!
사랑합니다! 아버지.

아버님! 하늘나라 그 곳에도 꽃은 피었나요

아버지!
살아생전의 모습이 그립습니다

어느 날
텅 빈 가슴에 화사한 미소 지으며
꿈속에 나타나신 아버지
오늘에야 아홉 번째 불효자
사랑이란 하늘같은 그리움으로
지난날 아픔에 눈물 흘립니다

아버지!
세간살이 서러워 손수
초가삼간 토담집 짖고
사립문 엮어 다셨던 모습

그곳에 엄마와
12남매 태를 묻고 기르시며
자식 자랑 침이 마르셨던 모습

이제 환갑이 넘어서야 불효자
아버님 은혜 아련히 그리워합니다

가시넝쿨 헤치며
화전 일구시느라
손 마디마디 옹이요 손등은 거북등
왜 그리 고생만 하셨던 아버님 세월

닷새 만에 찾아오는 장날이면
피땀으로 가꾼 곡식 보따리
지게에 지고 나가 팔아
저희 좋아하는 갈치 동태 알사탕
사오셔서
이놈 저놈 불러 앉혀 놓고
사랑과 우애를 나누어 주시던 아버지

한잔 술에 얼큰히 취하신 그 모습에
흘러간 사랑 노래 부르시며
잘한다 잘한다 등 다독여 주시고

웃음 지으셨던 우리 아버지

높고 깊은 배떼기 산 새벽녘 올라
진종일 숯 구덩이 파고
참나무 베어
차곡차곡 쌓고 불 지핀 후
숯가마 숨통 막힐라
긴 밤 뜬 눈으로 별을 새며
지새우신 나날이 얼마던가요

가파른 골짜기 헤매시며
마른 삭정이 다발다발
칡넝쿨 묶어
무겁게 한 짐 지게 지고
서산 해 질세라 달음질쳐 오셨던

장맛비에 씻겨 간 자갈 마당
황토 물매 먹이신 후
마른 그 위에

콩 팥 메밀 옥수수 수수 조를
홀태에 훑고 도리깨질하며
가을을 터셨던 우리 아버지

감자 으깬 보리 주먹밥
너무 적어
자식 볼까봐 등 돌려
옹달샘 물로
허기진 배 채우고
소금 한 줌 잡수시던 아버지 모습

그 모습에
당신의 은혜 너무 크고 깊어
오늘에야 불효자식
지금 계신 하늘 바다에 가슴만 치며
눈물이 마른 그리움으로
아버지! 아버지!를 부르고 있습니다

아버지! 아버지!~

아무리 불러도
대답 없는 메아리 뿐
당신의 진정한 사랑에
그 모습 하늘이 노랏토록
눈물마저 말라
새록새록 더욱 그립습니다

아버지!~~~~~
하늘나라 그곳에도 꽃은 피었나요
그곳에도 언제나
진달래, 민들레 꽃 피고
찔래 아카시아 장미꽃이 피었나요
이곳은 아버님 좋아하시던
백일홍이 피어나고
길가에 간간이 코스모스도 하늘거리고
향기 진한 들국화는 황금빛 들녘을
취하게 하고 있어요
머지않아 형형색색의 단풍들이
산을 힘차게 밀어 올리겠지요

아버님!
 아버님의 자식들
아버님의 지난 크신 사랑에 힘입어
모두 훌륭한 사람 되었어요
걱정하지 마세요.
아버지 하늘나라 그곳에서
엄마 손잡고
사랑하며 행복하시길 빌겠어요
저희들 엄마 아빠 영원히 사랑합니다.
아버지! 아버지~~~.

해를 품은 아버님 사랑

— 아버님 사진을 가슴에 품고

아버지! 온통 세상이 춥습니다.
아버님의 따뜻한 체온이 그립습니다.

살아생전 다정하시고 인자하셨던 아버님
십이 남매 낳으시고 누구하나 잘 못 될까
그렇게 감싸 안아 사랑해 주셨던 아버님

이제 그 숫자 반 토막이 되어서야
아버님의 작은 사진 한 장 가슴에 안고
그 크신 사랑을 느껴봅니다

아버님! 생전 모습이 그립습니다
꿈속에서라도 보고 싶습니다
넓디넓은 가슴에 안겨
해를 품은 사랑을 느껴보고 싶습니다.

하늘나라 그 곳은 춥지 않으시지요
거북등처럼 갈라졌던 손 한번 잡지 못하고
아홉 번째 불효자 이제야 눈물로 사죄합니다.

아버님! 용서하소서
해를 품은 아버님 사랑이 그립습니다.
아버님 사랑합니다. 사랑합니다! 아버지…

5부
섬섬옥수 어머님 사랑

하얀 눈이 내리네

눈이 오네 눈이 내리네
눈이 오네 눈이 내리네
검은 때 덮어주고
찌든 때 씻겨주려나 보다
소리 없이 사푼사푼
하얀 눈이 내리네
하늘하늘 춤을 추며
살랑살랑 소복소복
너와 나 좋은 세상
하얀 세상 좋으련만…
멍멍이 꼬리치는 세상
하얀 눈 내린 세상 모두 좋은 세상.

설야

늦은 밤 창밖이 훤하여
문을 열어 본다
하늘에 보름달이 밝다
어제까지 쌓인 눈
하얗게 더욱 눈이 부시다
대한(大寒)의 칼바람이 인다
차가운 달빛 따스함으로
내게 가까이 다가와
사람 정을 그립게 한다
눈 쌓인 달 밝은 겨울밤
따뜻한 봄소식 기다려진다
티 없이 그리운 건 봄이다.

눈 덮인 장독대 추억

앞마당 장독대 위에
눈이 소복소복 쌓였다
마치 장병들이 동계 위장복 입고
출동준비 사열을 하는 모습이다

쌩~ 하고 찬바람이 분다.
장독대에 눌러썼던 하얀 투구가
벗겨지자
성난 동장군 스산하게 흩어진다.
눈덩이 흰빛 가루 되어 흩날린다

미처 날리지 못한 얼음 조각
딱지 되어 붙어 있다
언제인가 그 자리에
홑적삼 걸치신 어머니의 세월
그 모습이
새색시, 앞치마 젖은 손길로
그 위를 훔치고 계신다

살을 에는 눈 속에서도
옹이 배긴 손 안에 움켜쥔 주걱으로
한 번 두 번 정성 세며
사랑의 보금자리를 만든 우리 어머니
그 사랑에 온 가족이 함께 평화로웠다.

해 지는 겨울 바다

— 변산

지는 태양 수평선 위 동그랗게 붉다
쟁반이 허공에 거꾸로 매달린 모습이다
엷은 구름 사이 비추는 노을 황홀하다

가슴이 탁 트인다
신선한 해풍이 코끝을 스치며 머문다

하얀 백사장이 한가롭다
모래 발자국 소리마저 조용하다
끝없이 펼쳐진 넓은 바다
한 마리 새가 날아가고 있다

지는 태양의 몸부림
밀려오는 어둠 끝 수평선에 묻고
남긴 그 자리 검붉은 여운이다

처얼썩~ 처얼썩 들리는 파도 소리
왔다 사라지는 하얀 물거품
점점이 해변가 가로등 불빛
떠난 배 기다리다 망부석 된 인어공주
한 무리 갈매기 떼 하늘 길 찾아 날아가고 있다.

눈 내리는 날에

함박눈이 소리 없이
사푼사푼 오고 있다
하늘하늘 춤을 추며
초가지붕 위에도
들녘 마른 풀숲에도

너와 내가 좋아하는
하얀 세상 만들려나 보다

세상은 온통 잡동사니다
부익부 빈익빈 부정부패
노약자 실업자 천지다

하얀 눈이라도 내려
깨끗한 세상 공평한 세상
행복한 세상 기다려 본다.

겨울비 맞으며 · 1

이른 아침 창을 열고 보니 비가 내리고 있다
왠지 가슴이 허전하고 스산하다

주섬주섬 옷을 차려입고 작은 우산을 챙겼다
새로 산 운동화를 신고 대문을 나서자
아스팔트가 비에 젖어 까맣다

하나~둘 맘속 샘을 세며 발길 옮긴다
여기저기 움퍽 파인 웅덩이를 피해 걷다보니
가슴 속이 후련하다 가슴이 상쾌하다

우산 위 떨어지는 빗소리 실루엣 리듬이다
인적이 뜸한 아침 길이다

산책로에 줄지어 울창했던 나무들
 겨울비 맞으며 마지막 갈잎을 떨구고 있다

차츰 어둠을 감추고 호수에 철새들이 보인다.

겨울비 맞으며 · 2

부채꼴 형상의 나무숲 사이 보이는 철새들
발자국 소리에 놀라 호수 위 파도를 가른다

띄엄띄엄 덩~그러이 놓여진 공원 벤치 위
낙엽들이 다정한 연인인양 서로 포개어 있다

메터스케어 낙엽은 빨간 융단을 깔아놓고
아침 해를 맞이하고 있다

다이어트로 날씬한 볼륨의 젊은 여인과
세속의 삶 다 이겨낸 풍만한 여인의 조각상
겨울 비에 추위도 아랑곳없다

짖는 멍멍이 소리에 깜짝 놀라
새해 정유년 새 희망, 새 세상 기다리며
나의 갈 길 묵묵히 가야지 하고 다짐을 한다.

그곳은 아직도 그대로인데

4.16 세월호가 가라앉았던 그 자리에
세 번째 "팽목항"을 찾아가 보았습니다
그러나 그 자리는 그대로이었습니다
귀뿌리가 에일 듯 찬바람이 불어오고
방파제 난간에 수없이 매달린 노란 리본
사~그랑 사~그랑 쇳소리로 신음하고
우두커니 서있는 말없는 등대에게
"아버지 어머니 형님 누나야 아우야!
나 좀 살려줘!" 하고 외쳐대는 소리만 들릴 뿐
그 소리마저 위정자에게는 들리지 않는
차갑고 어두운 바닷속에서 부르짖는
처절한 절규의 소리뿐이었습니다
철썩철썩 방파제 때리는 파도 소리에
더욱 가슴이 찢어질 것 같았습니다
지나는 여객선 뱃고동 소리 들려오고
"움직이지 마라 그대로 있어라"는 소리에
착하디 착한 순진한 5천만 대한의 아들
지금도 그 자리에 그대로 있었습니다
편안히 잠들지 못하고 물살 따라 이리저리

허우적거리며 그대로 있을 어린 영혼에게
“미안하다 잘못했다” 단 한마디 책임은 없고
오직 한 어머님의 흐느껴 우는 통곡 소리만
그대로 두 손 모으고 있었습니다.
“조금만~조금만 더 참아 곧 올려 줄 테니”
하는 거짓말은 파도처럼 계속 들려오고
7시간 진실은 조작되고 있었습니다.
세상을 뒤덮을 꺼지지 않는 촛불을 부르고
녹아내린 촛농은 뜨거운 함성되어
새 시대 새로운 희망의 새날을 기다리며
두 주먹을 불끈 쥐고 돌아왔습니다.

〈팽목항〉의 겨울

어둠 깔린 초겨울 〈팽목항〉 앞바다
차가운 밤바람에 깜박깜박 등대불만 외롭다
길게 줄지어진 수많은 노란 리본들
사그락 사그락 하며 슬픈 울음소리를 토해 낸다

마치 울부짖는 넋이 되어
아빠야 엄마야 오빠야 누나야 동생아를 외치며
둔탁한 몸부림으로 살려 달라 아우성이다
4.16세월호의 슬픈 기억들
어찌 우리 모두 잊을 수 있을까
이제라도, 이제라도… 다시는, 다시는… 을
시간의 흐름 속에 반성하고 용서를 빌자

차가운 겨울 〈팽목항〉 앞바다에
우리 모두 검은 옷깃 높이 세우고
두 주먹 불끈 쥐어 보자
잊혀져 가는 세월호의 슬픈 기억을 불태우리라.

섬섬옥수(纖纖玉手) 어머님 사랑

하늘 가신 어머님 바느질 모습이 기억에 새롭다
바늘꽂이 실타래가 가득한 반짇고리 뒤적뒤적
덕지덕지 흠집 난 골무 찾아 굽어진 엄지에 끼우고
골라잡은 쌈지 바늘 돋보기 가까이 대시던 어머니
입술에 침 발라 골패 비비며 실 끝 검지에 쥐고
실랑이 한참 만에 "아이고 겨우 간신히 꿨내"
아버님 두루마기 하얀 동정 깃 다복다복 땀 뜨신 후
이리저리 만지다 바로 보고 또 바로 보시던 어머니
출타길 잘 다녀오시라 옷자락 매무새 하시던 어머니
해 질 무렵 우는 아이 업은 채 대문 밖에 나와
작은 키 곧추세우고 서성이다 마중하시던 어머니
그 손길 그 정성 그 마음 그 누가 알랴
칠순 할아범 어머님 사랑을 이제야 그리고 있다.

부모님 전성서

부모님 이 세상 떠나신지 어언 십수 년
이 몸 살아 60중반 넘어서야
자식된 도리 알았습니다

이 세상 아무리 살기 험해도
날 낳아 길러 주신 부모님 은혜 어이 잊겠습니까
자식들 부모 살아생전 효도한다지만
그것은 모두가 거짓말이었었습니다

구부러진 허리에 발등은 갈라지고
검버섯 얼굴에 거북등 주름진 손
제대로 한 번 잡지 못해 죄송했습니다

세월 흘러 눈 깜짝할 사이 부모님 아니 계시니
이제야 땅을 치고 하늘 보며 눈물 흘린들
무슨 소용 있겠습니까

불러도, 불러도 대답 없는 아버지 어머니
꿈에도 뵈질 않고 메아리만 들릴 뿐이니
저 이제 어디에 효도를 하랴 한탄만 합니다

불효한 이 자식 용서하소서. 용서하소서
아버지! 어머니! 부디 하늘에서 행복하시길 빌겠습니다.

시(詩)에 대하여

시(詩)는
인간 본성(人間 本性)의
선(善)한 바탕에 두어야 한다

과거(過去)의 점철(點綴)된 삶의 역사(歷史)와
현재(現在)의 질곡(桎梏) 된 사회현상(社會現想)을
시공(時空)을 초월한 자연(自然)에 접목하여
바람직한 인간성(人間性) 복원을 위해
미래(未來)를 아름답게 노래할 수 있게 하는
한 편의 언어적(言語的) 파노라마가 되어야한다

시골 어릴 적 가난 속에서
자연의 아름다움을 배우고
배고팠던 눈물 속에서
소박한 미래를 찾아야 한다

삶의 좌절 속에서
또 다른 희망을 꿈꾸고
멸시와 냉대 속에서

사랑과 감사함을 알게 하여
어려운 이웃과 함께할
살맛나는 세상(世上)을 만들어 가는
새 희망의 창조적 이정표가 되어야 한다.

6부
웃고 살자

여인상 · 1

육군 대위 시절
중매로 맺어져
내게 시집온 아내
곱디고운 모습으로
연애 한번 못해 보고
내게 다가온 사람
사랑이 무엇인지 몰라
부끄러움 넘쳐
살갑지도 못했던 아내
시부모 봉양이 무엇인지
알지도 못하고
남편은 국방 임무에
젊음을 불사르는 사이
남 앞에 서는 날이면
온몸 비틀며 수줍음을 보였다.

여인상 · 2

신랑 따라 이곳저곳
25년간 이사만 스물세 번
참으로 긴 세월 잘도 참아 주었지
이른 새벽 출근이나 늦은 퇴근길에도
항상 따뜻한 말로
나를 위로하고 격려했던 아내
어디 허다한 날 좋은 일만 있었으랴
혹시나 언짢고 기분 내키지 않으면
오히려 다정한 미소 지으며 다가와
“참을 인 자 셋이면 살인도 면 한다”며
언제나 남편에게 용기와 희망을
주었던 아내다
그릇된 일에는 후덕한 인품으로
가슴 열어 잘못을 지적하고
“좋은 인연은 좋은 인연을 낳는다”고
두 팔로 살며시 안아주었던 아내
상대를 인정하고 베풀기 좋아하던
언제나 나의 훌륭한 스승이었던 아내다.

여인상 · 3

혹시나 남이 무슨 말하면
보조개 붉히며 방긋 웃는 모습으로
아! 그랬어요? 내가 잘못했나 봐요
자신의 속없음을 자기 탓으로 돌리며
항상 정직하고 진솔했던 아내
지금도 아낙들로부터 언니언니하고
따르는 사람 많아
내게 유달리 처제를 많게 해준 아내
땀 냄새 풍기며 늦게 귀가하는 날이면
현관 앞에서 기다렸다는 듯
재빨리 가방 받아 손잡아 끌며
“오늘도 수고하셨지요?”
“여보 배고프시죠?”
“얼른 씻고 식사하셔야죠?”
“오늘따라 많이 보고 싶었어요”하고
티 없이 맑은 미소 지어주던 아내
그런 다정다감한 모습의 아내에게
“그래 고마워” 할 말이 없다.

여인상 · 4

칠순이 가까워지자 몸이 아프기도 하다
내게는 그런 날이며 하얀 반백 머리의
아내 사랑이 더욱 진하게 내 가슴에 다가온다
고뿔이라도 들까봐 속옷까지 챙겨주며
따뜻한 물 데워 내 머릴 감겨 주며 하는 말
당신 머리카락은 흰머리 없어 좋겠오 항상 젊게 보여
몸이 아파 하얗게 된 나의 얼굴의 물기를 닦으며
이내 로션까지 발라 준다
나는 아내에게 어떤 존재인가 같이 나이 먹어
도움만 받는 노약한 내가 아니었던 것을…
그리고 아내에게 진 빚을 갚아야 할 터인데
여보 수고 했어요 힘들었지 무슨 힘은
지그시 감긴 눈으로 주방을 향하는 아내 모습

평범한 일상에서 아내의 아름다운 자비를 읽는다.

남편과 아내

하느님은 참으로 위대하시다
'아담'과 '이브'를 흙으로 지어
사람 "人" 字처럼
서로 떠받치며 살라하셨으니
필연 없어서는 안 될 관계
결혼 후는 '실과 바늘'이다

서로 사랑을 하며
자식을 낳고 죽을 때까지
희생과 봉사와 기쁨을 준다.

忌日에는 서로 죽은 이를 그리워하며
살아생전 아름다움을 기억한다

'100세 인생' 노래 부르며
이제껏 살아 숨 쉬고 있으니
이보다 더 큰 행복 어디 있으랴
죽는 그날까지 죽어서도 함께하리라.

장승부부

고갯마루에 장승 부부가 서 있다
천하대장군(天下大將軍), 지하여장군(地下女將軍)
오는 이 "반갑다", 가는 이 "잘 가라"고
서 있는 모습 마냥 정겹다

길 가던 나그네 발길 멈추고 가쁜 숨 쉰다
장승 부부 네가 있어 고맙다
지금 어디서 오는가, 어딜 가려는가 묻는다
잠시 쉬어 가라 한다

주위에 돌 무덤 하나 있다
네 눈길 그 위에 멈추고 작은 돌멩이 하나 던져 달란다
내 마음 어느새 돌 하나 주워 던져 본다

오는 길 좋았다만 가는 길도 발병 나지 말라고
장승 부부 바라보며 기도한다
백발 나그네 길목에 서서
어차피 가야할 길 말 없이 가고 있다.

향산거사 백거이 시성

시성께서 이승 떠난 지 벌써 일천사오백 년
당신이 살아생전 읊으셨던 선시에 홀려
머나먼 한국에서 온 칠순 가까운 나그네 절 받으시오

시향 좇아 향산 찾으니 용문 강은 유유히 흐르건만
시성모습 뵈질 않고
잡목 우거진 묘만 있어 찾은 이 오히려 숙연해집니다.

당대 하늘과 땅 오가는 심정으로 읊었을
장한가와 비파행 비록 들을 수 없어도
석벽 흐드러진 문향 맡을 수 있으니 다행 아닌지

천하일색 양귀비와 현종이 나누었을
저승까지 그리도 애절한 사랑이 있었기에
아! 석굴 앞 한잔 술 취해 시 한 수 노래했을 시성 모습…

이름 없는 한 나그네 바람 따라 강물 흘러가듯
머리 숙여 그냥 왔던 자리 찾아갑니다. 영원하소서.

이산가족 상봉과 통일대박

자! 우리 이제부터 시작이다
가난해서 허리띠 졸라 맺고 보릿고개 풀뿌리 연명했던 우리
독립만세 소리가 가시기도 전
강대국 힘에 의해 삼천리금수강산 허리는 동강나고
한 맺힌 가슴 쓸어내리며 살아 온지도 어언 60여년
그래도 피땀 흘리며 살아온 선열의 은공이 있었기에
이제 21세기 중반에서야 통일대박을 노래하게 되었다

남과 북, 여와 야 참으로 얼마나 기다렸던 용틀임인가
지금까지의 과거 투쟁은 발전을 위한 싸움이었고
투기, 모략, 질투는 시궁창 썩는 정권유지 차원의 허수였다
고백하면 어떠할까
어쩌면 나만 잘 살면 되는 빈익빈 부익부가 판치는
강대국의 눈치나 살피는
이기심의 연속이었을지도 모른다
그러나 우리는 하늘이 주는 21세기
새로운 국운 창달의 기회를 맞았다
박근혜 대통령과 김정은 국방제1위원장은
어린아이가 아니고

세계 모두가 인정하는 분단된 조국의 한 수장이요
국가수반이다
남북이 서로 손잡고 서로를 감싸 안으며
무릎을 맞대야 하는
시대적 사명이 눈앞에 있음을 알아야 한다

기회는 자주 오지 않는다.
동맹인 미국과 상호 협력국인 중국에서조차
남북통일 후를 논의하고 있다
부정부패 없는 선진 대한민국도 좋다
빈부 격차 없는 선진 복지국가도 좋다
그러나 천 천세 만만세 이어갈 한 민족이 대박 나는
남북 분단 없는 통일국가를 위해
상식이 통하는 7천만 민중의 통일 소리에 귀 기울여 보라
이제 서운함은 통합으로 찢어졌던 아픔은 사랑으로
핵무기, 군비증강보다는 이산가족의 한이 서린
뜨거운 상봉의 눈물을 가슴에 적시어 보라

남북 위정자들이여!
과거 강대국 기만의 역사는 서로가 합심하여 독도 건너
태평양 앞바다에 날려 보내고 도덕적 양심으로 반성하고
서로를 용서하고 미래를 보자
그리고 서로 어깨 감싸 안고 덩실 춤추는
남북이 하나 된 모습으로
7천만 통일조국을 만들어 세계 강국으로 으뜸 나는
남북통일의 한 판 축제를 열어가 보자
우리는 꿈이 있고 희망이 있다 패자가 없고 승자만 있는
우리 모두 축제의 마당에서 반만년 역사 위에
찬란한 문화의 꽃을 피우자!!
자! 이제 우리 한라와 백두에
오색찬란한 무지개 다리를 놓자!!

46용사(勇士)의 조용한 함성(喊聲)

파도는 바다를 친다
그러나 말이 없다

나라 위해 散華한
忠情의 외침이 死者 魂 되어
바닷속 깊이 잠들어 있다

여보! 아들아, 엄마야
아빠야, 동생아, 전우야를 외치며
울부짖든 喊聲들…

그대들은
부모형제 자매의
설익은 잠을 깨웠고
부릅뜬 우리들 선한 눈동자에
피눈물을 적셨다

46勇士여!
지금도
차갑고 어두운 바닷속에서
울부짖는 喊聲은
영혼의 귓전을 때릴 터인데

아직껏 너희 진실(眞實)을
찾지 못하고 부끄럽다
너희 있어 우리가 있고
조국이 있을 진데
살아서 투혼(鬪魂), 죽어서 보국(報國)
충정(忠情) 약속했을 지언데…

꽃다운 나이
그렇게 떠나신
그대 46勇士 영령(英靈)들이여!
오장육부 똥물 부스러기 훔쳐 버리고
아!…
실낱같이 토해 내는 조용한 함성(喊聲)

가엽다, 부끄럽다
천추(千秋)에 한(恨)이 되어라

가슴을 친다
내가 진정 잘못했다 미안하다
용서(容恕)하라고 속죄하지만
아빠 엄마 사랑하는 당신
누나야 동생아 슬픈 함성이 있어
우리는 말할 수 없다

46勇士의 넋이여!
바다를 치고 땅을 치고
하늘 향해 소리 질러도
침묵(沈默) 속에 조용한 함성(喊聲)일 뿐…

조용히, 조용히
잊혀 지지 않을 기억 속에
조국(祖國)이 영원(永遠)하길 바랄 뿐…
부서진 천안함(天安艦) 722호(號)

46勇士의 영령 앞에
용서(容恕)를 빌고 책임 다하는
우리 모두 되길 바랄 뿐…

작전(作戰)에 실패(失敗)한 지휘관(指揮官)은
용서 받을 수 있어도
경계(警戒)에 실패한 지휘관
용서 받을 수 없다는
교훈(敎訓) 다시 한 번 되뇌어 본다.

땅도 하늘도 울던 그날

— 노무현 대통령 서거

그날 2009년 5월 23일
울고 울고 또 울어도
그냥
눈물이 납니다

소리없이
하염없이
통곡하는 소리도 멈췄습니다

하늘도 울어
장대 빗물 쏟아
슬픔이 더해
눈물이 강물 되어 흘렀습니다

거짓과 더러움과
치욕이 점철되어
인간적 모멸로

비극의 역사 교훈 새기던 그날
영욕의 삶 훌~훌 던져버리고
자연의 한 조각되시던 그날

천추의 한으로 기억될 분노의 칼날
심장에 깊이 꽂으시고
즐겨 찾던 부엉이 바위
말없이
그 모습 뒤로한 채
큰 족적, 더 큰 사랑 남기시고…

바보처럼 가신 님 안타까워
땅도 하늘도 울었습니다

그날의 기억, 결코…
결코 잊지 말자 다짐하며
선홍의 핏빛으로 얼룩진
뜨거운 심장을 도려냈습니다.

딸에게

딸아! 어젯밤 좋은 꿈은 꾸었니
새벽 창이 밝았구나
어둠은 사라지고 태양이 너를 반긴다
하루의 시작은 아침이고
한 주의 시작은 주일
새해의 시작은 설날 이란다
처음이란 참으로 아름답단다
꿈을 갖게 하고 설레 이고 희망을 선사하지
"아침 일찍 나는 새가 높이 난다" 했던가

딸아!
첫 단추를 잘 꿰면 옷맵시도 좋아지고
"시작은 반이다"
"천리 길도 한 걸음부터"라 하였지?
사람은 광활한 우주 공간에 내팽개쳐진
하나의 티끌에 불과하단다
우리 딸도 엄마와 아빠가 연이 닿아
수억의 무리 중에 선택되어 소중한 생명체로
살아가고 있는 것 아니겠니

딸아!
살아가는 동안 경쟁하지 마라
이기기 위해 너무 다투지 마라
너만을 위해 폼 내고 자랑하지 마라
어차피 인간의 삶은 순리대로 흘러
생성과 소멸을 반복할 뿐이기 때문이다

딸아!
사는 동안 건강하게 살자
사람은 누구나 외롭고 고독한 존재란다
병들고 힘이 다하면 죽음의 어둠이 찾아오기 마련이지
먹는 것 욕심 내지 말고 가려 먹어라
살아 움직이는 것보다 한자리 지키며 자라나
스스로 먹어 주기를 원하는 것을 나누어 먹어라
항상 먹는 것에서 탈이 나고 질병이 찾아온다
때 맞춰 적당히 먹으면 건강이 찾아오지
욕심을 내면 건강을 해치고 일생을 망치기도 한다
사람이 사용하는 돈도 마찬가지다

딸아!
열심히 일해 번 돈은 쓸데 쓰되 낭비는 하지 마라
정말 돈 욕심은 금물이다 부정부패의 근원이다
재산과 부는 모든 사람의 공동 자산이다
하늘이 빌려주신 보화이기 때문이다
남아서 베푸는 게 아니라 모두가 살아가는데
같이 써야 하는 것이다
올바르게 사용하는데 주저하지 말거라
특히 노약자 가난한 자 소외 받는 자 장애자
돕는데 말이다

딸아!
사람은 누구나 평등하고 존귀하다
아무리 많이 가진 자라도 죽음에 이르면
호주머니 없는 수의 입고 빈손으로 가게 되어 있다
많이 가진 자 이 얼마나 허무하겠니
죽을 때 놓고 가는 것보다 살아서 베풀다 가는 게
편하지 않겠니?

딸아!
네 할아버지 할머니는 12남매 낳아
먹이고 가르치시느라 고생 많으셨는데
아빠와 엄마는 외동딸 너 하나 낳아
그런대로 살아가고 있으니 하늘이 얼마나 공평하니

딸아!
아빠 엄마는 우리 딸이 잘 자라
자기 몫 다하며 살아가는 모습
참으로 대견하고 자랑스럽기만 하구나
사람이 정한 룰이나 규정에 얽매이느니
하늘이 준 자연의 이치를 깨닫고
산과 같이 물과 같이
인간으로서 바른 생각 바른 행동
포용하는 마음으로 서로 사랑하며 베풀면서
살아가거라

딸아 내가 죽거든
슬퍼하거나

눈물 흘리지 마라
하늘나라 가는 길에 걸림돌이다
아픈 것이 아픈 게 아니고
슬픈 게 슬픈 것이 아니었거늘
살기 위해 먹고
죄만 짓고 살아 온 나였기에

내 흔적 따라 살지 말고
너의 길을 묵묵히 가라
다시 말하마
가난하고 병든 자 위해
아픔을 함께하면 더욱 좋겠구나
오직 바른 마음으로 자비 베풀며
낮은 자세로 살아가거라.

정유년 설날에 쓰다

선생님의 편지

전근표 시인님께

적조하였습니다.

새봄
좋은 작품
많이
쓰시고
문운
날로
날로
빛나시길
비옵고
오늘
짧은 글
줄입니다.

2017. 1. 19

최승범 절

선생님께서 보내주신 예쁜 엽서

새아침

밝은 태양은
힘차게 솟아
오릅니다.
새해에는
크신 포부로
좋은 꿈 두루
감싸 안으시고
큰 소망 이루는
한 해 되시길
기원합니다.
복 많이
받으십시오.

새해아침

文奉植 謹拜

연하장
잘 받았습니다.
진안 문협도
잘 이끄시며
늘 호호 쾌쾌
하심에 존경을
금치 못합니다.
새해에는 더욱
만복 누리시고
강녕하시길
빕니다.

소재호 드림

웃고 살자

인자요산(仁者樂山)이라 했다
산을 좋아하는 것만으로 어진 사람이라는 말이다
웃음은 내 마음 다스리는 명약이요
상대방을 위한 배려의 기본예절이다
웃음은 스스로 만들어 내는 건강 호르몬 엔도르핀이다
하루 15초만 웃어도 2일간 수명이 늘어난다 했다
내 마음 그릇에 무엇을 담느냐가 중요하지 않을까
윈스턴 처칠이 말하기를
비관론자는 모든 기회에서 어려움을 찾고
낙관론자는 모든 어려움 속에서 기회를 찾는다 했다
아무리 힘들다 해도 웃음과 미소를 잃지 말자
꽃 중에 가장 아름다운 꽃은 웃음꽃이라 했다
가슴 답답하고 절망적일 때도 환하게 큰 소리로
웃어 보자 "하하하하" 박장대소하고 포복절도
요절복통할 수는 없어도 억지로라도 파안대소
바보처럼 "허허허허" 환하게 큰소리로 웃어 보자
쌓인 스트레스와 짜증을 한 방에 날려보낼 수 있다

새 희망을 찾자 "미소만복래(微笑萬福來)" 아니던가
오늘도 웃음과 미소 짓는 사람이 되자 웃고 살자
나도 몰래 행복은 가까이에 다가와 있을 것이다.

월랑 전근표 시인
제3시집 『꿈의 노래』에 부쳐

1

월랑 전근표 시인은
8년여 지기다
주식회사 『명보』에
자리잡고 있을 때였다
우리의
다시 2년 후
시고로
하여서였지

2

전 시인은 이미
두 권 시집도 있었다

'아버님', '아버지'
그 나라에도 꽃은 피었나요

애끓는
애절한 통탄의
슬픔이

배어 넘쳤다

3
월랑 전근표 시인의
이번 시작을 대하면

정 많고 눈물 많은
과장의 폭도 넓은

정적인
서정 시인이란
내 나름의
생각이다

4
월랑 시인이여
이 한 꽃다발로

이번 시집에

정표를 삼거니

내 생각
부족한 점은
헤아려
살피시길.

최승범 명예교수

1931년 남원 출생 / 1958년 〈현대문학〉을 통해 등단.

〈시집〉 『난 앞에서』, 『천지에서』, 『자연의 독백』, 『대나무에게』 등 다수와 『한국수필문학연구』, 『한국을 대표하는 빛깔』, 『선악이 모두 나의 스승』, 『남원의 향기』, 『한국의 소리』, 『3분 읽고 2분 생각하고』 등 다수의 수필집.

〈수상〉 정운시조문학상, 가람시조문학상, 한국시조대상 외 수상.
현재 고하문학관 관장, 전북대학교 명예교수.

시와 해설

올곧은 삶의 지혜와 가족애의 본질을 추구함

— 전근표 시인의 제3 시집을 읽고

허호석
(시인 · 한국문인협회 자문위원)

전근표 시인의 시 묶음을 받고 어떤 시편들일까 기대하는 마음으로 살며시 펼쳐 보았다.

그의 시를 보기 전에 먼저 사람을 보아야 한다고 생각했다. 직업이던, 작품이던, 명예이던, 무엇을 하던 그 하는 일 자체보다 먼저 사람을 보아야 하기 때문이다.

전근표 시인은 진안 출생으로 원광대 석사 학위자다. 육군3사관학교 5기로 임관한 후 직업 군인으로서 대대장 등 육군 요직에 봉직하다가 중령으로 예편하였다.

그 후 ㈜하림 상무이사, 계열사 대표이사 등 회사의 주역을 역임한 산업 전사이기도 하다

2008년 신인상으로 문단에 데뷔, 이듬해 제1 시집 『아버님! 하늘나라 그 곳에도 꽃은 피었나요』를 출간하였으며 제2 시집 『사랑합니다! 아버지』를 출간하였다.

등단 8년 만에 『꿈의 노래』까지 시집을 세 권이나 출간한 박력을 가진 시인이다.

익산 진안군향우회장, 한국문인협회 진안지부 회장을 역임했으며 익산금마 문화의장, 진안군민의장 등을 수상하였음은 애향정신이 투철한 분임을 알 수 있다.

특히 전 시인은 제1 시집에 아버지가 제목으로 등장했는데 제2 시집에서도 아버지가 등장하였고 제3 시집에서도 '해를 품은 아버님 사랑'이란 부제의 『꿈의 노래』로 아버님을 승화시켜 남다른 효심을 나타냈을 뿐 아니라 3시집 첫 페이지에 '웃으며 살자', 시집 맨 끝 페이지에도 '웃고 살자'라고 했다.

욕심을 버리고 무거움을 내려놓고 가볍게 살자는 가족 사랑이 남다른 시인임을 알 수 있다.

경찰이나 군 출신이 글 쓰는 사람은 그리 흔치 않다. 짜여진 질서와 기계와 같은 생활을 한 군 출신이 문학을, 그것도 시를 쓴다는 것은 특이한 예로 전 시인을 다시 보게 되는 인물이다.

전 시인은 '머리말'에서 시란 쓰면 쓸수록 어렵고 속내를 보이는 것 같다고 했다. 자연과 함께 살아온 인생사를 편안하고 읽기 쉽게, 그것도 짧게 함축해 써야한다며 쉽게 의미 있는 글을 쓰기 위해 몇 날 며칠을 메모지를 잠자리 머리맡에 두고 지우고 쓰고, 쓰고 지워 봐도 쉽게 좋은 시가 써지지 않았다고 진술하고 있다. 그리고 앞으로 남은 여생에 시대정신과 대중성이 있는 좋은 시 한 편이라도 쓰고 싶다는 다짐을 피력했다.

위와 같은 전 시인의 머리말을 읽고 쉽게 써야한다는 시작(詩作) 정신의 기본을 알고 있다는 게 확인되어 다행이라는 생각이 들었다 왜냐하면 필자는 평소 시작의 기본을 시를 쉽게 써야 한다는 소신을 주장하며 시를 쓰고 있기 때문이다.

현대시는 시적 수준을 격상시켜야 한다는 함정에 빠져 무리한 난해함이 형성 되고 있어 독자들이 도대체 무슨 뜻인지 읽기 짜증난다고 한다. 지나치게 난해하기 때문이다. 그래서 현대시는 관객을 잃어버린 지 오래다.

"시인은 많아도 시는 없다"란 말이 나타났다.

일찍이 워즈워스 시인은 일상용어가 특정 문맥 속에 놓이면 바로 그게 시어가 된다고 했다. 시어로 시를 빚는 게 아니고 말을 시로 빚어야 한다는 뜻이다. 시를 쉽게 써야 한다는 말을 액면 그대로 받아들여서는 안 된다. 난해하게 쓰는 시보다 쉽게 쓰는 시가 더욱 어렵다는 걸 알아야 한다.

쉽게 쓰는 시 속에 예술성을 가미하기란 더욱 어렵다는 말이다. 작품은 예술성을 지녀야 생명력을 지닌다는 뜻이다.

전 시인은 위와 같은 과정을 극복하려는 의지로 시를 쓰겠다는 소신을 가지고 있으므로 앞으로 좋은 시를 쓰리라 믿고 기대 되는 바 크다 할 수 있다.

시집 맨 첫 페이지에 실린 '하하하 웃으며 살자' 전문이다. 어느 시집이나 첫 부분 서너 편이 그 시집의 대표적인 시로 등장하기 때문에 조심스럽게 대했다.

역시 시를 쉽게 쓰려는 의도를 엿보게 된다. 말을 시로 빚기 위한 흔적이 있기 때문이다. 문학적, 예술적 품격을 보기 전에 가족애가 녹아 있는 주제가 선명함을 보게 된다. 모든 무거움을 내려놓고 가볍게 살고자 하는 사랑이 배어 있다.

하루 근심, 걱정, 스트레스 시간은 3시간이 되지만 웃는 시간은 불과 90초에 달한다고 한다. 나는 어떤 사람인가? 전 시인의 하하하 웃음처럼 웃어 보았다. 필자는 허氏니까 허허허 웃었다. 바로 이 시에서 공감하는 시의 대중성을 엿보게 된다.

하하하 웃으며 살자

아침 일찍 일어나
잠자는 가족 얼굴 번갈아 보다
고생하는 아내 보고
여보 고마워 감사해 웃는다

그리고
새근새근 잠든 딸보며
어쩜 이렇게 닮았지 신기해 웃는다

화장실 거울 보며
여기 또 한 놈 지보고 웃고
밥상머리 모인 가족
네가 최고, 밥 맛있다 깔깔 웃는다

출근길 서로 만나 반갑다 웃고
일터 격려 속 신나 웃는다
퇴근길 가벼워 내일 또 좋은 약속

현관문 앞 반기는 아내
이마에 뽀뽀뽀, 어느새 방긋 웃는다

우리 모두
살아 숨 쉬고 있으니

슬픔도 감사해 웃자
성냄도 욕심 없이
묶은 때 낀 배꼽이여 빠져라 웃자
으하하하 으하하 웃으며 살자

성냄도 욕심 없이 하루하루를
묶은 때 낀 배꼽이여 빠져라 웃자
으하하하 으하하 웃으며 살자
으하하하 으하하 웃으며 살자
으하하하 으하하! 으하으하하!!

하늘은 슬퍼하는 자 슬픔 주고
기뻐하는 자 웃음을 준다.

가야할 길 전문이다. "가진 것 다 내 것 아니고 / 그동안 빌려 쓴 것 아니던가" 죽기 전 다 돌려주고 내 갈 길 왔던 길 찾아 가세나. 세상에 원래 길은 없었다. 끝은 보이지 않아도 내일을 향해 가는 이정표 없는 구분 길이 바로 우리 삶의 길이 아니던가 하는 어려웠던 지난날을 회고하며 짧은 인생 삶의 허무함을 받아들이는 체념이 깃들어 있는 시 편이다.

새털 같이 많았던 날들을 물 쓰듯 하였음은 언제인고, 이제 몇 개 남은 새털을 헤아리며 간다는 허무, 높은 곳은 돌아서 낮은 곳은 고요히 비우고 채워가리라는 넉넉함이 들판 같이 펼쳐 있다. 풀꽃하늘 흰 구름 강 건너가듯 허허롭게 이정표 없는 굽은 길인들 자신의 길을 사랑하는 편안함이 배어 있는 시 편이다.

가야할 길

나무는 조용하고 싶지만
가지엔 세찬 바람이 일고
강물은 고요하고 싶지만
물위엔 잔잔한 물결이 인다

바다는 깊고 넓지만
하얀 파도가 끊이질 않고
하늘은 한없이 공허하지만
구름을 그리다가 천둥을 친다

산다는 것 별것이드냐
생노병사(生老病死)는
하늘의 이치
무병장수, 부귀영화(無病長壽, 富貴榮華)
허무함이니

짧디 짧은 인생길,
가진 것 다 내 것 아니고
그동안 빌려 쓴 것 아니었던가

노송 위 홀로 선 회오라기 멀리 이는 바람을 본다
내 왔던 길 찾아 가세나.

『여인상』 4편중 『여인상 · 4』 전문이다. 『여인상』이 1, 2, 3, 4편이나 펼쳐 있다. 『여인상』 4편 모두 아내에 대한 사랑이 녹아 있는 시편 들이다. 한 편으로는 다 나타낼 수 없어 무려 4편까지….

“신랑 따라 25년 사이 이사만 23번 잘도 참아 주었지”

“참을 인 자 셋이면 살인도 면한다”는 용기와 희망을 준 아내, 어려웠던 시절 아내의 희생과 봉사정신이 편 편이 배어있는 시편들이다.

내일이 있으므로 오늘이 있는 거지요. 잡힐 듯한 내일은 밀리고 밀려나가 그대로 남아 있다. 그렇게 내일은 남아 있어야 한다. 세상 다 그런 것들 헛기침으로 날리고 가도 가도 동행하는 꿈 처마 끝 하늘에 걸어 두고 앞장서 손잡아 주는 님이 있으므로 내가 있습니다. 손가락 걸었던 약속 반지는 비록 가난의 제물이 되었지만 풀꽃 반지로 치장하고도 내색 없이 젖은 눈으로도 웃어 보이는 아내가 있으므로 내가 있다는 고마움과 사랑이 편 편이 수놓고 있다.

여인상 · 4

칠순이 가까워지자 몸이 아프기도 하다
내게는 그런 날이며 하얀 반백 머리의
아내 사랑이 더욱 진하게 내 가슴에 다가온다.
고뿔이라도 들까봐 속옷까지 챙겨주며
따뜻한 물 데워 내 머릴 감겨 주며 하는 말
당신 머리카락은 흰머리 없어 좋겠오 항상 젊게 보여
몸이 아파 하얗게 된 나의 얼굴의 물기를 닦으며
이내 로션까지 발라 준다
나는 아내에게 어떤 존재인가 같이 나이 먹어
도움만 받는 노약한 내가 아니었던 것을…
그리고 아내에게 진 빚을 갚아야 할 터인데
여보 수고 했어요 힘들었지 무슨 힘은
지그시 감긴 눈으로 주방을 향하는 아내 모습
평범한 일상에서 아내의 아름다운 자비를 읽는다.

『부모님 전상서』 전문이다 전 시인은 첫 시집 제목으로 『아버님! 하늘나라 그 곳에도 꽃은 피었나요』 제2시집 제목으로도 『사랑합니다! 아버지』로 되어 있다. 그리고 제3 시집의 부제는 해를 품은 아버님 사랑'으로 되어 있다. 그렇게 시집에 아버님에 대한 효심을 담아냈는데도 하늘나라에 계신 부모님께 편지까지 올리는 지극한 효심 자체다. 전 시인의 효심은 시제에서부터 남다르게 드러나 있음을 볼 수 있다. 평범한 것 같으나 주제 자체가 선명하다.

"구부러진 허리에 발등은 갈라지고 / 검버섯 얼굴에 거북등 주름진 손 /제대로 한 번 잡지 못해 죄송합니다 / 불효한 이 자식 용서하소서. 용서하소서 / 부디 하늘에서 행복하시길 빌겠습니다." 흔히들 부모님께 효도하려 했으나 시간을 주지 않았다고들 한다. 얼마든지 부모에게 효도할 수 있는 기회가 있었지만 효도하지 못한 채 부모가 돌아가신 뒤 변명 같은 핑계를 댄다.

척박한 삶을 등에 지고, 가장의 멍에를 등에 지고, 자갈밭에서 새날을 일구시던 아버지 산처럼 늘 그 자리에 계시며 세상만사 헛기침으로 날리시고 처마 끝에 새 하늘을 걸어 두고 바람 잘 날 없는 세월을 갈아엎던 이랑은 거룩한 주름살로 남은 아버지…. 가난을 지고도 평생을 하루같이 청청한 소나무처럼…. 어려움을 다 속으로 삭히시며 참 삶의 근본을 묵묵히 행하시던 뜻 받드오나 그에 미치지 못함을 어찌 하오리까 나를 닮지 말라 시던 아버지…. 투박한 손으로 미열을 짚어내시던…. 그 흙손을 사랑한다는 우리 모두의 아버지가 있음을 보게 되는 시편으로 감동입니다.

부모님 전성서

부모님 이 세상 떠나신지 어언 십수 년
이 몸 살아 60중반 넘어서야
자식된 도리 알았습니다
이 세상 아무리 살기 험해도
날 낳아 길러 주신 부모님 은혜 어이 잊었겠습니까
자식들 부모 살아생전 효도한다지만
그것은 모두가 거짓말이었었습니다

구부러진 허리에 발등은 갈라지고
검버섯 얼굴에 거북등 주름진 손
제대로 한 번 잡지 못해 죄송했습니다

세월 흘러 눈 깜짝할 사이 부모님 아니 계시니
이제야 땅을 치고 하늘 보며 눈물 흘린들
무슨 소용 있겠습니까

불러도, 불러도 대답 없는 아버지 어머니
꿈에도 뵈질 않고 메아리만 들릴 뿐이니
저 이제 어디에 효도를 하랴 한탄만 합니다

불효한 이 자식 용서하소서. 용서하소서
아버지! 어머니! 부디 하늘에서 행복하시길 빌겠습니다.

다음은 『한반도 쓰나미』 전문이다. 국정문란을 한반도 쓰나미로, 대 지진으로 비유하였다.

“목이 터져라 꺼지지 않는 촛불 함성 하나 되어”

“희망찬 대한민국 새로운 시민혁명 촛농 얼룩진 민초들 언제나 따뜻한 새봄 맞을까.”

전 시인은 직업 군인으로서 애국 전선에서 활약했던 경력의 소유자다. 국방 의무를 다하며 정의롭고 명예로운 퇴역 장교로서 간직했던 애국정신이 새겨진 시편임을 본다.

눈보라에 바람일면 송이송이 피어나는 촛불의 무리…. 깨끗해야한다 정의로워야 한다는 순백의 말을 허공에 던지며 세상에 진실과 소통을 고하고자 우우우…. 민중의 횃불로 들판을 건너오는 함성, 오염된 구석구석의 찌든 때 지저분한 것들을 모두 묻어 버려야 한다며 벗겨진 맨살의 상처를 치유하고자 몰려오는 눈보라의 아우성 같은 주제가 배어 있는 시편이다.

한반도 쓰나미

"하늘 우러러 한 점 부끄럼 없기를~."
윤동주 시인의 서시 첫 대목이다
대 지진이다 경주의 5.3강도가 아니다
한반도를 넘어 아시아 유럽 미주
전 세계를 진동하는 쓰나미다
국정문란, 헌법유린, 사리사욕의 마수가
영(靈)의 사주, 우주(宇宙)의 기운으로
창조경제, 통일대박, 역사바로세우기 미명아래
한강의 기적마저
경제대국 세계10위 금자탑마저도
여지없이 쓸어버리고 말았다
피를 토하고 통곡하는 심정
원통하다 목이 터져라 꺼지지 않는
촛불 함성 하나 되어
푸른 기와집 정점을 향하고 있다
탄핵, 즉각 하야, 해체를 외치며…
희망찬 대한민국 새로운 시민혁명
성에 낀 거울 앞에 촛농 얼룩진 민초들
언제나 따뜻한 새봄 맞을지 기다려진다.

『행복은 가까이』 전문이다 사람의 이, 목, 구, 비가 있되 코와 입이 하나씩인 것은 "함부로 하지 말라는 것"이라 표현

하였다. "차가운 머리로 생각하고 / 뜨거운 가슴으로 안아 주자." 하였음은 올곧게 살아가고자 하는 저자의 깊은 뜻이 담겨 있는 시편으로 사랑의 나눔과 베풀기를 기도하자는 아름다움이 깃들어 있는 시편이다.

나는 누구인가? 어떤 사람인가? 자기 자신은 자기를 잘 모른다. 주관적이기 때문이다. 내가 어떤 사람인지는 남이 더 잘 안다. 귀청소를 해놓고 내가 어떤 사람인지 남에게 물어볼 일이다. 겉과 속이 다르기 때문이다. 머리는 맑게, 가슴은 뜨겁게 살기란 사랑이 그 바탕임을 강조한 아름다운 시다.

행복은 가까이

사람은 누구나
눈과 귀가 두 개씩이다
잘 살피고 잘 들으라는 뜻일 게다
그런데 코와 입은 하나씩
평하고 말하기는 쉽다는 것
남의 얘기
함부로 하지 말라는 것 아닐까
차가운 머리로 생각하고
뜨거운 가슴으로 안아 주자
사람은 무릇 만물의 영장이다
그래서 두 손과 두 발이 있다
우리 모두 기본과 상식 속에서
항상 기도하며 사랑 베풀고
낮은 자를 위해 가난한 자를 위해
올곧게 살아가보자
슬픔도 내 마음 행복도 내 마음
행복은 언제나 내 곁에 가까이 있다.

다음은 『그곳에 가고 싶다』 전문이다. "어머니의 호미 끝에 묻어나는 / 땀방울이 세간을 늘리고 / 날 詩人까지 밀어 올려준 / 텃밭이 있는 그곳 / 물속에 깊게, 깊게 잠들어 있는 / 고향 집에 가보고 싶다".

2000년 용담댐 건설 당시 5개 면이 물속에 잠겨 1,300세대 13,000명이 고향을 잃었다. 고향은 추억이 있어 그립다고 한다. 전 시인의 고향 추억이 어머니로 통하고 있는 것을 본다.

고향은 어머니의 장독대가 있었고 호미 날에 찍혀 나온 하늘 조각을 갯여울에 씻으시던 물소리가 있었다.

송사리를 고무신짝으로 담아내던 강변이 있는가 하면 바짓가랑이 마를 날 없이 헤매이던 산과들 그 고향 산천이 그립기만 한 저자의 아픔이 배어 있는 시편으로 실향민의 고향 그리는 그리움을 대변해 주는 주제가 선명하다.

필자도 용담땜 물속에 고향을 묻은 한 사람이다. 다시는 갈 수 없는 고향, 고향이 그리울 때면 용담호 망향의 동산에 올라 옛 생각에 잠기기도 한다. 희생된 사람은 누구이며 지금의 맑은 물은 누가 마시고 있는지 생각해 볼 일이다.

그곳에 가고 싶다

— 용담댐

그곳에 가 보고 싶다
금강 상류 시원한 물소리의
옛이야기 구수한 그곳

저녁놀에 백로가 새끼들 데리고
하늘 길 가면서 도란거리는
한가한 이야기 소리 들리는 그곳

어머니의 호미 끝에 묻어나는
땀방울이 세간을 늘리고
날 詩人까지 밀어 올려준
텃밭이 있는 그곳
물속에 깊게, 깊게 잠들어 있는
고향 집에 가보고 싶다
어린 꿈이 자랐고
또 꿈을 묻어 놓고 나온 그곳
상전이 벽해 되듯
벽해가 상전 될 날 있으리
아주 먼 훗날이라도 좋다
그 곳에 꼭 가 보고 싶다.

전 시인이 쓴 시 묶음을 다 읽고 위와 같이 몇 편을 설평해 보았다. 이 시집에 나타난 시편들의 중심 주제가 부모나 아내, 자식들에 이르기까지 가족의 화목을 희망하는 사랑이 자리잡고 있음을 알 수 있다.

처음도 끝도 "웃으며 살자"고 한 전 시인의 웃음이 널리 퍼지길 바라며 좋은 시 한 편이라도 쓰고 싶다는 시인의 뜻이 이루어지길 바랍니다.

이 시집과 더불어 새해 하나님 축복의 해가 되시기 희망합니다. 좋은 시 부족한 설평으로 누가 되지 않을까 금치 못하는 마음 접습니다.

허호석 시인

전북 진안 상전 출생 / 서울 문리사범대학 졸업(교직 38년) 월간문학 신인상(시, 당선) 문단 데뷔 / 전주 KBS TV 1년 출연(시, 감상) / 아동문예 동시 평설 3년 집필 /전주 세계소리축제 조직위원 역임 / 진안국악협회 창립, 진안음악협회 창립 / 진안예총 창립(초대회장 역임) / 진안문학상 제정, 진안예술상 제정 / 가곡, 마이산 용담호 노래 제작(CD)

〈수상〉 국민훈장 수훈(대통령), 문교부장관상, 전라북도문화상, 전북문학상, 전북예술상, 한국아동문학작가상, 한국동시문학상

〈시집〉 『하얀비』, 『햇살의 첫동네』, 『산벚꽃』 등 8권, 위인전기문 등 9권(모두 17권 출간)

〈시비〉 4곳에 '마이산 탑사에', '진안읍 공원에', '서울 은평공원에', '용담호 망향탑에' 건립, '산벚꽃' 시가 서울 사당역 등 5곳에 게시됨.